I0786313